AF340540

L 40
b
481

DISCOURS

Prononcé dans l'église paroissiale de Sainte-Genevieve, par M. Decaisne, premier vicaire de cette paroisse, au Service que les Citoyennes de la Section du Panthéon Français ont fait célébrer le Jeudi 23 août 1792.

Exhortatus suos ut sortiter dimicarent, et usque ad mortem pro legibus..... civitate, patria, et civibus.

Il exhorta les siens à combattre généreusement et jusqu'à la mort, pour leurs loix.... leurs villes, leur patrie et leurs concitoyens. *Mac. liv.* 2. c. 13. v. 14.

CE qu'un général moins fameux par ses victoires que par son attachement pour sa patrie, exigeoit autrefois d'une armée moins illustre par ses succès que par la cause qu'elle défendoit ; ce que Judas Machabé recommandoit à ses soldats, les citoyens généreux dont nous honorons aujourd'hui la mémoire, et dont nos larmes ont arrosé les cendres, l'ont accompli.

S'éveiller au bruit des chaînes dont on est chargé, se livrer à cette noble indignation que

A

fait toujoûrs naître dans les grands cœurs l'idée de l'esclavage, augmenter le feu de son courage du feu de son amour pour la patrie, combattre et mourir pour elle, tels sont les sentimens qu'excitoient dans l'ame de ses concitoyens les héros d'une nation digne de l'avoir pour chef. Tels sont les sentimens qui ont fait couler le sang que chacun de nous voudroit racheter au dépend du sien.

En vain les réclamations sourdes d'une ligue anéantie, mais toujours prête à renaître de ses cendres exhalant dans les ténèbres un venin impuissant, prétendroit couvrir de l'odieux de la rebellion des faits marqués au coin de l'héroïsme ; la voix imposante d'une nation soulevée contre les abus, rendroit inutiles les murmures d'un amas d'individus, intéressés à les maintenir. Une justice éternelle, immuable, indépendante des passions humaines, qui traça une ligne de démarcation entre le juste et l'injuste, qui pèse nos actions et fixe leur valeur, qui, souriant à l'homme juste, le distingue du coupable : cette justice éternelle, justifiera nos hommages, immortalisera nos frères, en éternisant la liberté pour laquelle ils sont morts.

Oui, chers concitoyens, l'arbitre suprême des destinées, l'être qui fixe les limites des empires, qui brise à son gré les sceptres dont il s'est toujours servi pour punir les hommes, témoin de la justice de notre cause, en affermira le triomphe. On verra notre nation (et c'est moins un rêve ingénieux de mon amour pour elle, qu'un résultat certain du calcul de ses forces) on verra notre nation libre, au milieu des nations esclaves, imiter l'attachement opiniâtre qu'eut toujours le peuple Juif pour ses loix, son pays et sa liberté. On la verra, cette nation trop long-tems captive, appésantir un bras lent à punir, mais terrible dans ses punitions, sur tous les téméraires qui oseront essayer de renouer des chaînes qu'elle vient de briser. Oui, dût l'Europe entière, instrument aveugle, agent méprisé d'individus qu'elle tolère et qui l'oppriment, s'élever contre nous, ses efforts viendroient échouer contre un corps redoutable qui joint à ses propres forces, les forces invincibles de l'union et de l'égalité. Toujours attaqués et toujours victorieux, plus forts, comme plus généreux que nos ennemis, nous jouirions des avantages précieux d'un pacte sacré que les frères que nous pleurons ont les premiers scellés de leur sang. Jouissant à la fin d'un calme produit et rendu plus piquant par de longs orages, nous nous écrierions, en nous rappelant le souvenir de ces frères généreux : *Sortiter dimicarent pro legibus..... patria.* Pour vous, frères et citoyens, dont la sombre douleur annonce le desir d'une louable vengeance ; vous, dont l'intrépidité partagea les dangers de vos frères, et dont la générosité envie peut-être leur trépas, banissez un instant toute idée de sang et de carnage, et venez apprendre, sous les yeux du Dieu de paix que nous adorons en cette enceinte, comment on peut être homme d'honneur, bon citoyen et soldat vertueux. C'est en vous rappelant des faits dont vous avez été témoins ; c'est en vous peignant la mort des amis que vous avez vu expirer, que je prétends vous donner cette grande leçon. Ainsi, vous prouver que nos frères péris dans la journée à jamais mémorable du 10 août sont morts pour les loix et pour la patrie, tel est mon dessein.

PREMIER POINT.

Pour peu qu'on réfléchisse sur ce desir naturel à tout homme de laisser un grand nom à la postérité, on ne s'étonne point de voir chez tous les peuples des guerriers qui, méprisant les périls, aiment à donner leur vie en échange de la gloire. Des intérêts si divers peuvent exiger ce sacrifice, que le motif seul qui nous y détermine peut l'ennoblir.

Alexandre, affrontant mille morts pour le titre fastueux de conquérant, de qui pourroit-il de nos jours obtenir des éloges, si ce n'est peut-être de quelques hommes corrompus, pour qui les droits sacrés de l'humanité ne sont rien, ou de ceux qui, confondant la vraie notion des choses et le sens naturel des mots, appellent bravoure la témérité, et pensent ériger en vertu, le coupable desir de répandre la terreur? Il est donc vrai que mourir seulement pour la gloire n'est pas toujours ce qu'il y a de plus glorieux; et je ne crains pas d'avancer que j'en ai la preuve dans l'exemple des grands hommes dont nous vénérons la mémoire. Que l'ancienne Rome vante ses Décius, que la nation Juive exalte encore ses Machabé, Paris, Marseille et la Bretagne, n'ont rien à leur envier. Ces guerriers généreux, en s'immolant pour le salut des loix, et méprisant jusqu'à la gloire même, se sont élevés au-dessus d'elle. Illustres martyrs de la liberté et de l'égalité, héros que la France regrette, et dont les noms révérés passeront d'âge en âge à nos derniers neveux, pourquoi faut-il que, destiné à jeter sur votre tombe quelques fleurs, il ne m'eût pas été donné de tems pour les choisir ? Recevez-les du moins comme le présent du cœur, comme le témoignage naïve et pure de notre admiration et de notre reconnoissance. Ils étoient les amis des loix, ceux qui moururent pour elle; ils étoient les interprêtes de la volonté générale, ceux que tous les efforts des conspirateurs n'ont pu faire regarder comme des factieux. Oui, mes concitoyens, ils étoient amis des loix. La loi, ainsi le veut le suprême arbitre des destinées des hommes, ainsi l'ont reconnus ceux qui, avant d'avoir préféré l'or du despotisme au fer de la liberté, sembloient dignes d'être les premiers représentans d'un peuple libre; la loi *est l'expression de la volonté générale.* Ils sont donc les amis des loix, ceux qui ne peuvent consentir à décorer de ce beau nom les actes liberticides du caprice ou de la corruption d'un seul. Ils sont les vrais amis des loix, ceux qui ne reconnoissent de loix que celles qui émanent de citoyens libres, et réunis en société pour leurs propres intérêts, et non pour le bonheur ou le caprice d'un chef. Ils sont les seuls amis des loix, ceux qui ne voyent pas de loix sans liberté, ni de liberté sans égalité. En effet, qu'étoient les actes revêtus d'un beau nom, du nom sacré de loi, des actes

sollicités, mandiés, payés même par une puis-
sance corrompue et corruptrice ? Les mesures né-
cessaires au salut du peuple, exigées impérieuse-
ment par les circonstances, étoient toujours ou
victorieusement attaquées par l'intrigue et la corruption, ou perfidement paralysées par la tyrannie.
Grand Dieu ! que les premiers pas vers la liberté sont difficiles, que le sentier qui y con-
duit est étroit ! Combien il est aisé de s'en écarter
pour suivre la route de l'esclavage, dont les
despotes ont soin de joncher les commencemens
de fleurs. Peu inquiets de l'avenir, ils savent,
les perfides, que le temple de la liberté est sur
une montagne escarpée, tandis qu'on arrive à
l'antre de la tyrannie par une pente insensible.
C'est au moment où devoit se réaliser une nouvelle Saint-Barthélemy, que la Providence, toujours attentive au bonheur de cet empire, laisse
échapper un trait de lumière qui découvre au
peuple ses véritables ennemis. Le plus perfide,
le plus méchant de tous, a beau s'envelopper
des ombres du mystère, cet homme, à qui la
nation avoit confié la destinée d'une partie de
ses forces, est enfin démasqué. A cette vue, tous
les bons citoyens étonnés se regardent : et moi
aussi, je l'estimois encore, se disent-ils ! Bientôt
à cet abbattement universel, succède le desir de
la vengeance. Puisqu'il faut que le sang coule,
que ce soit celui des conspirateurs. La France
patriote se lève, la capitale de l'empire reçoit
la première émotion, les Marseillois et les Bre-
tons répondent à son réveil. Depuis long-tems,
apôtres de la liberté, mais avides d'en être les

martyres, ni les regrets de leurs épouses, ni les soins de leur fortune, ni le desir d'une plus grande gloire en combattant sous les yeux de leurs concitoyens et sous leurs armes, rien ne peut les empêcher de voler à Paris, convaincus que lorsque le chef est en danger, les membres doivent le garantir. Là, confondus avec un peuple immense, ce n'est point l'amour de la renommée qui les anime, mais le pur desir d'arracher la patrie à ses barbares oppresseurs. Secondés de ces hommes *braves*, que l'inepte opulence désigne communément par l'image de la misère, dépouillés de tout uniforme, dans le palais même du tyran, ils s'exposent en petit nombre aux coups perfides d'une horde étrangère, heureux d'acheter, par une mort certaine, le salut de l'état. O journée mémorable ! que d'exemples de bravoure, que d'actions héroïques tu pourrois fournir à l'histoire de cet empire ! Et c'est ici, chers concitoyens, le mérite particulier des victimes du 10 août. Le mépris de leur propre gloire est ce qui les rend à jamais immortels. Mais si l'amour des loix leur fit braver la mort, l'amour de la patrie embrâsa leur ame du même feu.

SECOND POINT.

S'il n'est point d'homme, qui pour peu qu'il eût un cœur ne se sente le courage de tout entreprendre et de tout braver, à cette seule pensée que sa patrie est en danger, il n'est point de François par conséquent qui ne soit enflammé d'un courage de héros, quand il voit cette patrie attaquée par celui-là même qui en est le père ; et qui par ses sermens a contracté l'obligation solemnelle d'en être le plus généreux défenseur. Telle fut la source de l'héroïsme des véritables François, témoins de la journée à jamais mémorable et malheureuse du dix. Le château des Tuileries fut pour nous un nouvel Ethna, qui ouvrit à nos yeux des volcans désastreux dont la fatale explosion couvrit de sang, de cendre et de débris la capitale de l'empire. C'est du palais même de celui qui devoit être le père de la patrie, que sortirent les flammes qui ont dévoré tant d'innocentes victimes.

Pardonnez, mes chers concitoyens, pardonnez à la sensibilité dont je ne puis être le maître, cette seule pensée me fait horreur. Quand je pense que le trône, qui dans son origine ne fut élevé que pour servir d'abri aux foibles opprimés, pour donner à tous un asyle et un vengeur ; que c'est-là que se sont allumés les foudres qui ont écrasé les enfans de la patrie, que ce palais de roi que les François devoient regarder comme une terre hospitalière, que c'est dans les murs de ce même palais que des cohortes impies ont égorgé nos frères malheureux qui ont eu la confiance d'en approcher, qui peut retenir son indignation ? Quel est l'homme qui ne soit en droit de douter s'il existe sous Louis XVI ou sous un Charles IX ? Mais le crime a son terme, le bras du Dieu vengeur se déploye tôt ou tard sur les coupables. On peut regarder la journée du dix comme un des jours des vengeances du maître absolu des humains : qu'il serve sur-tout d'exemple à tous les tyrans, qui se croyant créés d'un autre limon que tous les autres hommes, ne les regardent que comme des esclaves ou des brutes. Mais sachez, tigres altérés de sang, sachez que vous serez vous-mêmes les victimes de votre férocité. C'est en vain que vous employez les plus basses manœuvres pour nous imposer des fers que nous avons brisés avec tant de courage ; vous boirez plutôt jusqu'à la dernière goute du sang François, et notre plus douce consolation, en quittant une vie qui seroit pour nous le plus affreux supplice, sera de prononcer les mots sacrés de liberté et d'égalité, Ne comptez jamais sur une capitulation, nous ne capitulons jamais avec les tyrans. Mais où m'emporte mon sujet, j'oublis que ces momens précieux ne doivent être employés que pour payer un juste tribut à la nature, en répandant quelques larmes sur la tombe de nos frères, victimes de leur amour pour la patrie.

En vain, mes chers concitoyens, en vain chercherions-nous à nous dissimuler la source des malheurs dont nos frères généreux furent les victimes. Un roi, au moins insouciant, abandonne les rènes de l'empire à des hommes corrompus, à des hommes qui n'attendoient qu'un riche corrupteur pour vendre leur patrie. Vils adorateurs de l'ambition et de la fortune, ils se trahissent eux-mêmes ; la défiance qu'ils inspirent même à celui dont ils sont l'instrument, imprime sur leur coupable front les signes de la réprobation. Tels sont les plus dangereux ennemis de notre liberté : ces infâmes hipocrites, ces bas calomniateurs ont égaré la simplicité crédule, et par des voies iniques, ils nous ont entraîné dans le précipice qu'ils ont creusé sous les pas d'une nation généreuse. Sans être les amis des rois, ils sont devenus les ennemis du peuple, dans l'espoir d'être à leur tour des tyrans subalternes. Suivons les traces ensanglantées de ces esclaves, qui ne vouloient se débarrasser de leurs chaînes, que pour en accabler les autres. Que de crimes se présentent à mes yeux, pour nous armer les uns contre les autres! Je vois d'infâmes libellistes achettés pour répandre même jusques dans nos armées une doctrine corruptrice et séditieuse; je vois des dispensateurs de la liste civile, prodiguer l'or aux enfans rebelles à leur patrie, pour les rendre ses assassins; je vois des *monstres*, qui après s'être efforcés d'introduire sur le territoire de la liberté une horde d'esclaves armés, ont préparé cette scène de carnage dont nous fûmes les témoins, et dont la mort de tous les François fideles à leur patrie, devoit être l'affreux dénouement. C'est au pied du trône que le fanatisme a trouvé l'impunité de sa révolte contre les loix, que les membres épars d'une société proscrite et turbulente dominent sur les consciences des foibles, et fournissent aux ambitieux des prétextes pour justifier leur rebellion.

A peine la jeunesse Françoise s'étant arrachée des bras de parens dont ils faisoient l'unique espérance, pour voler au secours de leur patrie qui leur est beaucoup plus chère, à peine rangée sous les drapeaux de la liberté, qu'on emploie tous les moyens de la jetter dans le découragement, en la laissant manquer de tout. Mais cette jeunesse belliqueuse, insensible aux besoins même de la vie, ne s'abbaisse point à murmurer et à se plaindre, elle ne voit que la patrie en danger; on entend dans son camp qu'une seule voix, c'est d'aller vaincre ou de mourir libre. Je n'en finirois pas, chers concitoyens, si je vous rappelois toutes les infâmes manœuvres employées pour ne faire de la France qu'un vaste tombeau. Voilà donc, ô Louis ! voilà les traits qui immortaliseront à jamais la honte de ton règne. Le premier de tes crimes fut de t'être abandonné lâchement à la séduction d'une femme que le ciel ne te donna que dans sa cocolère, d'une nouvelle Circé dont les magiques caresses, de François que tu étois, te rendit *Autrichien*. Des étrangers, stipendiés par la France, vouloient en égorger tous les habitans : peut-on reconnoître en eux les descendans de Guillaume *Tell*, de ces libérateurs de la Suisse, qui après avoir foulé aux pieds le joug autrichien, auroient voulu que tout l'univers devînt libre comme eux. Nos arrières neveux pourront-ils jamais croire que les Suisses, cette nation franche et loyale, aient produits une race aussi coupable ? non, ce n'est point des cantons helvétiques qu'est sortie cette horde d'assassins, dont la férocité a jonché de cadavres une terre hospitalière, d'infâmes cannibales revêtus de l'uniforme imposant d'un peuple généreux, et dont les ancêtres ont donné à l'europe l'exemple de s'affranchir du joug des tyrans, ont commis tous les crimes. Vous frémissez d'horreur, à ce récit de tant de noirceur ; des larmes malgrez-vous échappent de vos yeux ; ils sont sans doute bien dignes de regrets ces soldats citoyens morts pour la défense de leur patrie ; mais prenez bien garde de vous laisser aller à une foiblesse indigne de vous. Ecoutez, entendez leur sang qui demande vengeance , ils vous ont montré le chemin de l'honneur, allez , volez , le Saint-Amour de la liberté vous rend invincible , vous allez exterminer les tyrans.

O vous ! veuves dont les époux furent moissonnés dans cette cruelle journée , n'allez pas déshonorer par vos larmes, la tombe où reposent leurs cendres ; ils sont morts pour la patrie , ils vous laissent un héritage de gloire, et votre douaire est assis sur la reconnoissance publique qui s'étendra sur vos enfans , par une adoption honorable. Et vous , mères tendres et sensibles, vous qui regrettez les fruits et les objets de votre amour, élevez-vous au-dessus des foiblesses de votre sexe , devenez des *Romaines* ; si vous perdez un fils, sachez que vous en trouverez un autre dans chaque citoyen. Je jette avec complaisance mes regards sur les jours qu'amènent les progrès du tems. J'y vois cette patrie que j'idolâtre , jouissant d'un calme produit par de longs orages ; j'y vois ses membres tranquilles dans son sein , paisibles habitans des foyers dont elle leur assure la possession , bénir dans l'abondance la paix et le bonheur , les mains laborieuses dont les travaux généreux firent naître l'arbre de la liberté, dont les rameaux les couvrent, et dont les fruits les nourrissent.

C'est alors , athletes généreux , que mes yeux

ont vu ensanglanter dans le champ de l'honneur, c'est alors qu'on cherchera avec empressement, qu'on trouvera avec transport, qu'on examinera avec vénération, les monumens devenus antiques que nous vous dressons aujourd'hui. Il me semble vous entendre, alors partageant le tribut d'admiration que vous payeront des siècles heureux, avec les mânes des citoyens qui partagèrent vos dangers, vous écrier du fond de vos tombeaux : nous fûmes les seules victimes, mais non les seuls défenseurs de la liberté et de l'égalité. Vous le savez, vous tous qui m'entendez, que s'ils moururent seuls, ils ne furent pas les seuls qui affrontèrent la mort. Oui, sauveurs de la patrie, tous, nous avons voulu partager vos périls ; tous, nous eussions voulu présenter nos poitrines aux coups qui vous ont arrachés à notre reconnoissance ; tous enfin, nous jurons de ne pas nous laisser enlever les fruits de vos travaux ; tous, nous jurons de vivre ou de mourir comme vous pour la liberté et l'égalité.

De l'imprimerie de la Société Typographique des Trois Amis, rue Saint-Jacques, N°. 61, près la place Cambrai.